जीवन की लय

जीवन की लय में समाए पल

डॉ. सुशीला चौरसिया

BookLeaf Publishing
India | USA | UK

Made with ❤ on the BookLeaf Publishing Platform
www.bookleafpub.in
www.bookleafpub.com

Dedication

"मेरे परिवार, मित्रों और सहयोगियों को, जिनकी अटूट प्रेम, समर्थन और प्रेरणा ने मुझे मेरी कविताओं को शब्दों में पिरोने की शक्ति दी। आपका विश्वास, प्यार और समर्थन ने मेरे सपनों को साकार करने में मेरी मदद की। उम्मीद है कि मेरी कविताएं आपके दिल को छू जाएंगी और आप इस पुस्तक को प्यार देंगे। धन्यवाद आपके अटूट समर्थन के लिए।"

Preface

- जब मैं अपनी कविताओं के इस संग्रह को देखती हूँ, तो मुझे गर्व और खुशी की एक असाधरण सी अनुभूति होती है। इन कविताओं में मैंने अपने जीवन के अनुभवों, भावनाओं और विचारों को शब्दों में पिरोया है। यह संग्रह मेरे जीवन के विभिन्न पहलुओं का एक प्रतिबिंब है, जिसमें प्रेम, मातृत्व, पहचान और आत्म-खोज जैसे विषयों को छुआ गया है।

- इन कविताओं में मैंने जीवन की चुनौतियों और खुशियों को भी व्यक्त किया है। मेरे लिए कविता लिखना एक आत्मविश्लेषण का प्रक्रिया रही है, जिसमें मैं अपने विचारों और भावनाओं को शब्दों में ढालती हूँ। मुझे उम्मीद है कि ये कविताएँ आपके साथ भी जुड़ेंगी और आपको अपने अनुभवों और भावनाओं का प्रतिबिंब दिखाएंगी।

- इस संग्रह को तैयार करने में मुझे बहुत समय और मेहनत लगी है, और मुझे उम्मीद है कि आप इसे उतना ही पसंद करेंगे जितना मैंने इसे बनाने में आनंद लिया है। मैं चाहती हूँ कि ये कविताएँ आपको प्रेरित करें, सांत्वना दें और जीवन की सुंदरता को देखने में मदद करें।

Acknowledgements

मैं अपने परिवार के प्रति हार्दिक आभार व्यक्त करती हूँ, जिन्होंने मुझे इन कविताओं को रचने के लिए प्रेरणा और समर्थन दिया। मेरे जीवनसाथी के प्रति, जिन्होंने मेरी रचनाओं को पढ़ा और मुझे अपनी बुद्धिमत्तापूर्ण प्रतिक्रिया से नवाजा। मेरे गुरुजनों के प्रति, जिन्होंने मुझे कविता की गहराइयों से परिचित कराया।

बुकलीफ प्रकाशन की समर्पित टीम के प्रति, जिन्होंने इस पुस्तक को साकार करने में अपना अमूल्य समय और प्रयास लगाया। सभी सहयोगियों और मित्रों का आभार, जिन्होंने इस पुस्तक के निर्माण में प्रत्यक्ष या अप्रत्यक्ष रूप से योगदान दिया।

विशेष आभार

- अपने परिवार के लिए, जो मेरे हर सपने को पूरा करने में सहायक रहे।
- अपने मित्रों के लिए, जिन्होंने मेरी कविताओं को पढ़कर मुझे प्रोत्साहित किया।
- अपने प्रकाशक के लिए, जिन्होंने मेरी रचनाओं को पाठकों तक पहुँचाने में महत्वपूर्ण भूमिका निभाई।

1. गणपति गीत

मोदक, लड्डू भोग चढ़ाऊं,
गण गण गणपति गीत मैं गाऊं,
उमानंदन को मैं सजाऊं,
पुष्प, इतर, चंदन ले आऊं,
मेरे गजानन को महकाऊं,
गण गण गणपति गीत मैं गाऊं।

मिट्टी से जिसने जनम लिया,
त्रिशूल ने गणपति भगवन किया,
प्रथम पूजनीय स्थान दिया,
ऐसे प्रभु को मेरा प्रेम जताऊं,
मोदक, लड्डू भोग चढ़ाऊँ,
गण गण गणपति गीत मैं गाऊं।

लंबोदर है नाम तेरा,
एकदंत ऋषि परशुराम ने किया,
तुझे अनेकों वरदान दिया,
सदा रहें पूजनीय भगवान मेरा,
बस इसकी कामना करते जाऊँ,
मोदक लड्डू भोग चढ़ाऊं,
गण गण गणपति गीत मैं गाऊं।

रिद्धि सिद्धि सदा रहें विराजित यहा,
करे हमेशा मेरे घर पर कृपा,

मेरे विग्न हरता साथ रहे तू हमेशा ये चाहूँ,
हर मोदक में तेरा मुख पाऊँ,
गण गण गणपति गीत मैं गाऊं।

मोह, माया, दुनिया, दारी बस भूल जाऊं,
शिव पार्वती की कृपा मैं पाऊँ,
तेरे आशीर्वाद से अपना घर सजाऊं।
हर पल तुझमें बस रम जाऊँ,
दुनिया के सारे व्यंजन ले आऊं,
मोदक लड्डू से तेरी थाल सजाऊं,
गण गण गणपति गीत मैं गाऊं।

2. दुर्गा माता तुझे रिझाऊँ

चंदन, पुष्प, अगरबत्ती ले आऊं,
दुर्गा माता तुझे रिझाऊँ,
लाली चुनर तुझे ओढाऊं,
सार से पांव तक श्रृंगार तेरा करते जाऊं,
दुर्गा माता तुझे सजाऊं।

तेरी आँखों में खुद के लिए प्यार पाऊँ,
तेरे दिल में एक छोटासा कोना ले पाऊँ,
सजदे में तेरे गर्भा करते जाऊँ,
अपने संसार को सुख से भर जाऊँ,
दुर्गा माता तुझे रिझाऊँ।

महिषासुर का वध करके,
सबके समक्ष प्रमाणित किया,
औरत की शक्ति क्या होती है,
तूने जग में साबित किया,
ऐसी तेरी एक एक वीर गाथा सबको बतलाऊँ,
दुर्गा माता तेरा अस्तित्व सबको समझाऊं,
दुर्गा माता तुझे रिझाऊँ।

तेरे रूप हैं कई अनेक,
हर रूप की कहानी एक,
ऐसी कहानी सबको सुनाऊ,
तेरे दिल में सदा के लिए मैं बस जाऊँ,

हर दुआ में तेरा आशीर्वाद पाऊं,
दुर्गा माता तुझे रिझाऊँ।

3. अनंत शिव

जिनका कोई आदी है,
ना जिनका कोई अंत है,
वो मेरे शिव हैं, वो मेरे अनंत हैं।

जिनके सर पर हैं चंद्रमा और गले में वासुकि सर्प हैं,
वो मेरे शंकर, वो मेरे अनंत हैं।

जिनके माथे पर तीसरी आंख और गले में रुद्र कंठ हैं,
वो मेरे भोले, वो मेरे महेश्वर हैं।

जिनके बगल में कार्तिके,
और गोद में गणपति भगवन है,
वो मेरे शिव हैं, वो मेरे अनंत हैं।

जिनकी जटाओं से बह रही हैं गंगा माता,
जिनके हृदय में पार्वती माता और सती हर एक पल हैं,
जिसने विष पीके बनाया, खुद को नीलकंठ है,
वो मेरे जगत पिता हैं, वो मेरे रुद्रेश्वर हैं।

जिनका भस्म में रमा तन बदन है,
जिनके त्रिशूल और डमरू की आवाज कण कण है,
जिनके साथ नंदी गाय और पूरा शिव गण हैं,
जिनके सहयोगी हैं, लक्ष्मी, सरस्वती, ब्रह्मा और नारायण हैं,
वो मेरे भोले, वो मेरे भगवन हैं।

जिनकी तीसरी आंख जो खुल जाए,
तो प्रलय आ जाए,
जो गर प्रसन्न है, तो सुनहरा ही सुनहरा हर एक पल है,
जो कैलाश के वासी हैं, जिनके दर्शन के अभिलाषी जन जन हैं।
वो मेरे शिव हैं, वो मेरे ईश्वर हैं,
जिनका कोई आदी है, ना जिनका कोई अंत है।

4. मेरे गुरु

जो जीने की राह दिखाता है,
जो आगे बढ़ने की चाह लाता है,
जिसका माता-पिता के बाद स्थान है,
वो मेरे गुरु महान हैं।

जो उंगली पकड़ के आगे ले जाए,
जो हिम्मत रख के चलना सिखाए,
जो हमारी हर जीत पर मुस्कुराए,
और अपना सीना गर्व से चौड़ा कर जाए,
वो मेरे गुरु है, मेरा मान है।

जो हर गलती पर हमको टोकता जाए,
जो हर गलती सुधारने का मौका फिर से लाए,
वो मेरे गुरु है, मेरा अभिमान है।

जो भगवान और माता-पिता से कम नहीं,
जिनके अनेको रूप हैं,
हर रूप किसी से कम नहीं,
वो मेरे गुरु हैं,
सर्वगुण संपन्न वही।

5. झाँसी की रानी

वो वीर वो मर्दानी थी,
मेरे देश की वो रानी थी,
अंग्रेजो पर वो भारी थी,
देश को आज़ादी दिलानेवाली थी,
वो वीर बाला सैनानी थी।

बचपन से निडर और बलशाली थी।
घुड़सवारी, तलवार बाजी, लड़ाई की जानकारी थी,
युद्ध काला में निपूर्ण वो शक्तिशाली थी,
वो मेरे देश की मर्दानी थी।

माँ का आँचल छूटा बचपन में,
फिर पिता की वो प्यारी थी,
बाली उमर में विवाह करके राजा गंगाधर की जीवन साथी थी,
वो रानी लक्ष्मी बाई, वो झाँसी की महारानी थी।

पति को खोकर टूटी नहीं वो ऐसी मनोबल वाली थी,
संतान का सुख न भोग साकी,
माँ के सुख से वंचित वाली थी,
शक्ति सारी समेटकर वो आगे बढनेवाली थी,
वो मेरे झाँसी की रानी थी।

युद्ध अनेकों कर दिखाया,
अंग्रेजो को फिर धूल चटाया,

किसी के हाथ ना आनेवाली थी,
छोटी उमर में जान देके हमको बचाने वाली थी,
वो मणिकर्णिका, वो झाँसी की रानी थी।

6. मेरे देश का फौजी

जो हमारे देश का मान और सम्मान हैं,
जिसकी वजह से हमारी सुख, शांति और चैन बरकरार हैं,
वो मेरे देश का फौजी, मेरे देश का जवान है।

सरहद पार खड़ा हुआ जो काल है,
जिनसे बचाता हमारी जान है,
जो ऐसा इंसान है,
वो मेरे देश का फौजी, मेरे देश का जवान है।

जिस्से हमारा कोई रिश्ता नहीं है,
जो किसी मजहब को समझता नहीं हैं,
जो फिर भी हमारे लिए जान दे ये फ़रिश्ता वही है,
दोस्त ये मेरा जवान, ये मेरा फौजी यहीं है।

जो गोली, बारूदो से खेलता है, जैसा खिलोना कोई,
जो खून बहाता है, जैसे पानी की धारा कोई,
जो मिट्टी का लाल है, जो अपने घर की खुशियों से अंजान है,
वो मेरा सैनिक महान है,
वो मेरा फौजी, मेरा जवान है।

7. मेरी जन्मभूमि

मेरी मातृभूमि तुझे दिल से सलाम,
इस्से ही है मेरी आन, बान और मेरी शान,
इसमें ही हैं मेरा वजूद और मेरी जान,
मेरी जन्मभूमि तुझे दिल से सलाम.

इसमें हैं अनेको प्रांत,
हर प्रांत की हैं अलग-अलग कला और अलग-अलग पहचान,
हर प्रांत को दिल से नमन और दिल से करती हूँ सम्मान,
मेरी मातृभूमि तुझे दिल से सलाम।

होती रहें तेरी तरक्की, बढ़ता रहे तेरा मान,
बनी रहे तेरी ऊर्जा, बनी रहे तेरी शान,
जी करता है ना छोडू उसको, जो करता है तेरा अपमान,
मेरी मातृभूमि तुझे दिल से सलाम।

गुणगान करु तेरे ताजमहल का या लाल किले का सम्मान,
हर महल यहाँ अनोखा है, हर खण्डर याद दिला देती है वो बलिदान,
मेरी मातृभूमि तुझे दिल से सलाम।

नम हो जाती है ये आँखें, जब सोचती हूं वो कुर्बानी वो वीर लहू लिहान,
मेरी जन्मभूमि तुझे दिल से सलाम, तुझसे ही है मेरा मान, मेरा सम्मान,
मेरी मातृभूमि तुझे दिल से नमन, तुझे दिल से प्रणाम।

8. मेरे अरमान

मेरे अरमानों की उड़ान अभी बाकी है,
बहोत ऊँची, मेरी चढान अभी बाकी है,
हर गम को पीछे छोड़ दूँ,
वो उछाल अभी बाकी है,
जिंदगी जो मुझे दिल से दे,
वो सौगात अभी बाकी है,
मेरे अरमानों की उड़ान अभी बाकी है,
आगे की ऊंची चढ़ान अभी बाकी है।

ख़ुद से जो वादा किया है,
उन ख्वाबों का इंतज़ार अभी बाकी है,
जो जीवन को महका दे, वो बहार अभी बाकी है,
जो ख़ुशी दे मुझे, वो प्यार अभी बाकी है,
मेरे अरमानों की पुकार अभी बाकी है,
उन ऊंचे पहाड़ों की चढ़ान अभी बाकी है।

9. मेरे कृष्ण कन्हैया

जो लेटे हैं शेषनाग की सैंया पे,
वो लाल हैं, यशोदा और देवकी मैया के,
जो जीवन साथी हैं लक्ष्मी, रुक्मणी और राधा मैया के,
ये गुण गान नहीं, सत्य हैं मेरे कृष्ण कन्हैया के।

जो संगी हैं महाकाल और पार्वती मैया के,
जो काल हैं, हर राक्षस और बुरी विपदइया के,
जिनकी बासुरी मन लुभाए हर गोपी और गइया के,
जो प्रेम करे दूध, मक्खन और दहिया से,
ये गुण गान नहीं सत्य हैं मेरे लाल कृष्ण कन्हैया के।

जो मार्ग दर्शन करे हर दुख और कठिनैया मैं,
जो भटके हुए को राह दिखाये पल पल संसार की नैया में,
जिसने अर्जुन को जिताया महाभारत की लड़ाईया में,
ये गुण गान नहीं सत्य हैं मेरे संसार के खेवैया के।

10. मैं एक परी हूं

मैं एक परी हूं,
दुनिया के महतवापूर्ण रंगो की एक कड़ी हूं,
माँ, बहन, बेटी और एक सखी हूँ,
मैं एक परी हूं।

प्यार में सबको बांध ले, ऐसी खुशियों की लढीं हूं,
अपने माता-पिता की दुलारी,
और अपने पिया की साथी और संगिनी हूं,
मैं एक परी हूं।

जीवन की डोर को जो आगे बढ़ाये,
किसी नये जीवन को इस दुनिया में लाये,
ऐसी भगवान ने दी हुई जिंदगी हूं,
मैं एक परी हूं।

बच्चों के सर पे जो प्यार से हाथ फेलाए, ऐसी मुमतमयी हूं,
अपने महतवोकंशाओ को जो हमेशा दबाए,
परिवार की सुख शांति की करे हमेशा कामनाए,
वो तन से ही नहीं,
मन से भी एक खूबसूरती हूँ,
मुझे लगता है, मैं सच में एक परी हूं।

11. ज़माना बदल रहा है

ज़माना बदल रहा है,
रिश्ते ऑनलाइन और पानी बोतल में बिक रहा है,
डॉलर की कीमत जैसे आसमान को छू रहा है,
सोना ख़रीदना जैसे एक सपना सा लग रहा है,
जमाना कितनी तेजी से आगे चल रहा है।

इंसान पैसे कमाने के लिए ना जाने कहां भटक रहा है,
कोई हाथ पांव सलामत है, फिर भी भीख मांग रहा है,
कोई चोरी, चकारी, फ्रॉड को ही, अपना बिजनेस बना रहा है,
स्वाभिमान जैसे बेच के खा रहा है,
ज़माना क्यों ऐसे कहा चल रहा है।

मीठी वाणी सिर्फ पैसे कमाने के लिए बोल रहा है,
वरना जहां देखो बस, झगड़ा ही चल रहा है,
सच्चा इंसान ढूढ़ने के लिए कई मीलो चल रहा है,
ज़माना मेरे जनाब कुछ ऐसे ही बदल रहा है।

नई नई बीमारी अपने पंख पसार रहे हैं,
इलाज इसका ढूंढते ढूंढते डॉक्टर का दिमाग चकरा रहा है,
इलाज का खर्चा ग़रीब के लिए उसका चप्पल घीसा रहा है,
ज़माना क्यों ऐसे, क्यों बदल रहा है।

बंसी बजाने वाला भी हैरानी से तक रहा है,
आगे क्या बदल लाऊ ये सोच सोच के थक रहा है,

अब तो श्राद्ध भी ऑनलाइन बिक रहा है,
जमाना मेरे भाई कितनी तेजी से बदल रहा है।

समय जैसे कोई रेस लगा रहा है,
दो हज़ार पच्चीस भी रेत की तरह हाथ से निकल रहा है,
समय कितनी तेजी से अदल बदल रहा है l

12. डॉक्टर बनना आसान नहीं होता

डॉक्टर बनना आसान नहीं होता,
जिसको बनने के लिए आधा जीवन लग जाता है,
और निभाने के लिए पूरा उम्र भी कम पड़ जाता है,
ये कोई सदा सा इंसान नहीं होता,
डॉक्टर बनना आसान नहीं होता।

ये शरीर को तुम्हारे जानता है,
तुम्हारे हर रोग को पहचानता है,
हर बीमारी से जान बचाता है,
इस दुनिया का हिस्सा फिर से बनाता है,
इसका कोई बुरा ईमान नहीं होता,
डॉक्टर बनना आसान नहीं होता।

गर पैसा ही सब कुछ होता,
तो ये कर सकता था कुछ और बड़ा,
क्यों फिर इसी पेशे को चुना,
क्योंकि करना था सबका भला,
इनको समझो मेरे दोस्त,
ये कोई बेईमान नहीं होता,
डॉक्टर बनना आसान नहीं होता।

13. यकीन भरोसा और विश्वास

यकीन भरोसा और विश्वास,
इनसे ही जुड़ी हैं, हर रिश्ते की आस,
ये रहे तो जीवन सवर सकता है,
ये चले जाए तो टूटेगी जीवन से हर एक आस,
यकीन भरोसा और विश्वास।

इन्हें किसी से जीतना आसान है,
पर निभाना एक खाई है, एक पहाड़ है,
हर रिश्ते की सुन्दरता और मधुरता इनसे हैं,
ये जगा सकते हैं, जीने की आस,
यकीन भरोसा और विश्वास।

रिश्ता चाहे हो पति-पत्नी का,
माता-पिता का या बहू और सास,
हर रिश्ते की भूख है ये,
बस लगाए रहते हैं इनसे आस,
यही बुझा सकता है,
हर सूखे मन की प्यास,
यकीन भरोसा और विश्वास।

14. करम करते जा तू

करम करते जा तू,
करम से ना घबरा तू,
करम ही तुझे आगे लेकर जायेगा,
करम से तू, अपने अंतर मन को करीब पायेगा,
करम करते जा तू,
करम से ना घबरा तू,

करम ही जीवन की सीख सीखायेगा,
करम ही तुझे मिट्टी से सोने सा चमकायेगा,
करम ही तेरे मन की भूख मिटाएगा,
करम ही तुझे आगे लेकर जायेगा,
करम करते जा तू,
करम से ना घबरा तू।

जीवन में जब अँधेरा छायेगा,
ईश्वर को अपने करीब पायेगा,
जो तुझे हर मुश्किल से उभार के लाएगा,
तेरे करम की डोर से ये सब हो जायेगा,
मेरे प्रिये ये समझ जा तू,
बस करम करते जा तू,
करम से ना घबरा तू।

15. मेरी उम्मीद बनाये रखना

भगवान मेरी उम्मीद बनाये रखना,
इस्से मेरी कश्ती बचाए रखना,
मेरे जीवन का उजाला चमकाये रखना,
प्यार से इसको सजाये रखना,
भगवान मेरी उम्मीद का दिया जलाये रखना।

किसी और से उम्मीद रख सकती नहीं,
आपके सिवा कुछ और देख सकती नहीं,
मेरे दिल को दर्द की सिसकियों से बचाये रखना,
मेरी उम्मीद मेरे ईश्वर बनाये रखना।

आपको मेरी हर मुश्किल का हल पता है,
मेरे जीवन का हर एक पल पता है,
बचपन से जो दिया जल रहा है,
उसकीं लव को जलाये रखना,
मेरे खुदा, मेरे जीवन के कलम की शयाही बनाऐ रखना।

16. इंतज़ार में तेरे जानम

इंतज़ार में तेरे जानम सदियाँ कितनी बीत गई,
इंतज़ार में तेरे जानम ख़ुशियाँ कितनी बीत गई,
आँखों का सागर जैसे राह मे तेरे सूख गई,
इंतज़ार में तेरे जनम घड़ियां कितनी बीत गईं।

इंतज़ार वो अकेला था,
जहां नहीं कोई सवेरा था,
सूरज को ढूँढ़ते ढूँढ़ते अखियाँ मेरी सूख गई,
इंतज़ार में तेरे जनम दुनिया मेरी लूट गई।

सूरज ना मिला तो,
चाँद ही मेरा डेरा था,
जिसके बगल में मिला मुझे सवेरा था,
सवेरे की उम्मीद में रतिया कितनी बीत गई,
इंतज़ार में तेरे जानम सदियाँ कितनी बीत गईं।

17. वही माता-पिता कहलाता है

जो खून पसीना सीज के आपको अन्ना खिलाता है,
जो अपने दिन रात की कमाई आपकी उन्नति में लगता है,
जो आपकी फिक्र करते अपनी उम्र को भुलाता है,
मेरे जान वही माता-पिता कहलाता है।

जो प्यार से आपको चैन की नींद सुलाता है,
जो आपकी हर जिद को अपना लक्ष्य बनाता है,
जो आपको ठोकर लगे तो दिन रात की नींद गवाता है,
मेरे प्रिय वही माता-पिता कहलाता हैं।

जो आपको पाने के लिए डर डर भटकते जाता है,
जो आपको खरोच भी आये तो भगवान से भी लड़ जाता है,
जो अपनी हर दुआ में अपकी सलामती चाहता है,
मेरे बंधु, वही माता-पिता कहलाता है।

18. मुश्किलों को चीर के जो आगे निकलता है

मुश्किलों को चीर के जो आगे निकलता है,
जीवन उसी का फलता और फूलता है,
उसी की जिंदगी फूल सा महकता और सोने सा चमकता है,
मुश्किलों को चीर के जो आगे बढ़ता है।

जीवन उसी का चंदन सा महकता है,
जो अपने लक्ष्य की ओर चील सी नज़र रखता है,
जीवन उसी का प्यार से भरता है,
मुश्किलों का जहर पीके भी जो रोज़ नहीं मरता है।

हर दुख को चीर के जो हंसी में बदलता है,
अपने अंदर के तूफ़ानों से रोज़ बच के निकलता है,
अपने अरमानों के बोझ से जो रोज़ बिखरता और निखरता है,
जीवन उसी का प्यार में बदलता है,
मुश्किलों को चीर के जो आगे निकलता है।

जो गैरों की बातों में आके नहीं पलटता है,
कुदरत उसी के लिए अपने नियम बदलता है,
ईश्वर का प्यार और आशीर्वाद उसी को मिलता है,
जीवन उसी का सचमें जीवन लगता है,
मुश्किलों को चीर के जो रुकता नहीं बस आगे बढ़ता है।

20. दिवाली है अनोखा त्यौहार

दिवाली है सबसे अनोखा त्यौहार,
टिम टिमाते दियों से चमकता है बाज़ार,
रंगोली से रंगो से रंगीन होता है ये दिल बार-बार,
दिवाली है मेरा सबसे प्यारा त्यौहार।

रामजी के आगमन को मानता हैं ये संसार,
अयोध्या की नगरी में फिरसे सजेंगे सिया और राम,
रोशनी रहेगी हर दिल में और जलेंगे दीपक हर द्वार,
दिवाली है मेरे दिल के करीब और मेरा प्यार।

लक्ष्मी जी की आरती होगी और होगा वंदन बार-बार,
नये साल की अच्छी शुरुआत हो और बढ़े सबका व्यापार,
यहीं कामना करके हम मनाएंगे मेरे यार,
दिवाली है हमारे लिए सबसे बड़ा त्यौहार।

21. नेकी कर और दरिया में डाल

नेकी कर और दरिया में डाल,
इसे ही बना अपने जीवन का सार,
तभी इस जीवन में खुश रहेगा मेरे यार,
उम्मीद में डूब रहा तो, हो सकती है तेरी हार,
बस नेकी कर और दरिया में डाल।

ना कर कुछ उम्मीद, कुछ नहीं दे सकता है ये इंसान,
जो तेरा हक है वो देंगे तुझे तेरे भगवान,
करम करते जा तू, कभी ना मान इनसे हार,
बस नेकी कर और दरिया में डाल।

स्वयं को कभी ना अकेला समझ मेरी जान,
हर करम सच्चे दिल से कर तू,
और दाल सच्चा ईमान,
उस भगवान पर विश्वास रख,
ये बात मेरी मान,
बस नेकी कर और दरिया में डाल।

www.ingramcontent.com/pod-product-compliance
Lightning Source LLC
LaVergne TN
LVHW022032200926
848481LV00007B/2662
9781807157463